삶의 조각보

삶의 조각보

이든시인선 141

박숙자 시조집

이든북

시인의 말

 늦은 나이에도 꿈꿀 수 있다는 마음으로 시조 공부를 시작하였다. 문학소녀는 아니었어도 시 읽는 것을 좋아하여 가슴에 와 닿는 시를 제법 외우기도 했다. 구슬이 서 말이라도 꿰어야 보배이듯 아름다운 시어들을 내 손으로 꿰어보겠노라고 그동안 나름대로 시조 공부를 하면서 써왔던 글을 한땀 한땀 모아 시조집을 상재하게 되었다.

 어언 10년 가까이 시조를 지도해주신 박헌오 교수님과 책을 발간할 수 있도록 도움을 주신 대전문화재단에 감사를 드린다. 또 함께 시조 공부를 하며 아낌없는 격려를 해주신 문우들이 고맙고, 살아오면서 저에게 정겨운 마음을 나눠주신 모든 분들에게도 감사드린다.

그리고 사랑하는 소중한 가족들과 컴퓨터를 잘 다루지 못하는 할머니 글을 컴퓨터에 올려주고 이메일도 보내주며 도움을 준 손녀와 손자에게 고마움을 전한다.

다만 부족한 작품들을 보여드리려니 부끄러운 마음이 앞서지만 진심을 다한 결실로 여겨주시리라 믿으며, 앞으로 남은 삶도 시조를 공부하고, 사랑을 나누며, 범사에 감사하며 보내고 싶다.

2024. 여름에

차 례

시인의 말 … 4

1부 추억은 물과 같이

장미꽃을 보내며 … 13
꼴머슴 … 14
착각하며 산다 … 15
둥지 트는 홀씨 … 16
변덕스런 마음 … 17
백발은 성성하고 … 18
봄은 가고 … 19
발치 … 20
삶의 여정 … 21
괘종시계 … 22
석양을 보며 … 23
다짐 … 24
덧셈과 뺄셈 … 25
새로운 세계가 열리다 … 26
그리움 … 27
비탈길 … 28
추억은 물과 같이 … 29
새로운 시작 … 30

2부 아카시아 꽃그늘

씀바귀 꽃 … 33
고향 친구 … 34
봄소식 … 35
생기 있는 봄 … 36
그리움 … 37
이팝꽃 … 38
아카시아 꽃그늘 … 39
비눗방울 … 40
풋보리 서리 … 41
삶의 조각보 … 42
모과 … 43
풀잎에 작은 거미 … 44
팽이 … 45
봄은 가는데 … 46
마스크 벗는 날 … 47
풀기 어려운 숙제 … 48
얕잡아본 코로나19 … 49
물난리 … 50
옹이 … 51
불청객 … 52

3부 꼬마 눈사람

가을빛 … 55
아련함 … 56
어머니 1 … 57
어머니 2 … 58
살찌는 계절 … 59
어느 겨울 … 60
버팀목 … 61
해가 서쪽에 떴나? … 62
아버지의 낚싯대 … 63
라일락 … 64
꼬마 눈사람 … 65
말 한 마디 … 66
복덩이 … 67
분홍 편지 … 68
우리 집 보배 … 69
첫돌 손녀 … 70
겨울밤 … 71
꼭 찍어 둔 곳 … 72

4부 바람은 신기루

춘란 한 송이 … 75
이른 봄에 … 76
사랑을 듬뿍 주니 … 77
철쭉 … 78
할미꽃 … 79
바람은 신기루 … 80
거미 … 81
난초꽃을 보며 … 82
경칩에 … 83
여름 감기 … 84
달팽이 … 85
나무 그늘 … 86
분꽃 … 87
들녘의 멋쟁이 … 88
불볕더위 … 89
매미의 기다림 … 90
호수에서 … 91
옥수수 … 92

5부 오던 길 돌아보며

가을비 … 95
메뚜기 … 96
인내 … 97
연안부두에서 … 98
동행 … 99
허수의 보람 … 100
낙엽 … 101
노래하는 가을 … 102
잠자리 … 103
첫사랑 … 104
발자국 … 105
빗소리 … 106
가을볕에 … 107
가을걷이 … 108
들국화 … 109
눈꽃 … 110
겨울 아침 … 111
몰래 떠난 겨울 … 112
오던 길 돌아보며 … 113

| **작품해설** | 박헌오 _114
  멋진 할머니의 꿈과 사랑의 찬가

1 추억은 물과 같이

장미꽃을 보내며

불타던 열정의 빛 어느새 잦아들고
바람에 흩날리는 쓸쓸한 꽃잎들

앙상히
비운 가지에
그림자만 서성인다.

그리 곱고 당당한 색 어디에 숨겼는지
짱짱히 감긴 시계 슬그머니 풀려가고

조여 맨
기억의 창고
하현달이 열어본다.

꼴머슴

꼴 한 짐 베어놓고 졸린 눈 비비면서
흥건히 젖어 내린 땀방울 씻어가며
푸른 꿈 장대에 띄워 소원을 올려본다

키 작은 제비꽃 핀 개울가 언덕에서
애꿎은 조약돌로 물수제비 날리는데
꿈 따라 떠나보라고 봄바람이 등 떠민다

속살대는 아지랑이 못내 보낸 두려움
맑은 햇살 언덕에서 새 꽃을 피워야지
마음을 굳게 다지니 발걸음 깃털 같다.

착각하며 산다

푸른 잎 무성할 땐 어느 별에 수를 놓나
야무진 단꿈 꾸며 봄바람만 생각했지

찬바람
가슴에 스미니
심장소리 갈팡댄다.

살랑대던 꽃잎들은 어디로 숨었을까
너무 먼 삶의 궤적 접어가는 주름살

어느새
아득한 옛길
역주행을 하고 있다.

둥지 트는 홀씨

바람바다 찾아가서 요트를 타고 싶어
푸른 공원 한가운데 자리를 잡아볼까
밤잠을 설쳐가면서 헛꿈 꾸는 민들레

지친 몸 누울 자리 한 줌이면 족한데
낯선 땅 돌 틈에다 둥지 트는 홀씨 하나
너처럼 욕심 버려야 날아갈 수 있을까.

변덕스런 마음

바닷물 출렁이듯 요동치는 마음바다
뗏목을 타고 가다 풍랑에 부딪힌 듯

구조선
긴급 상황인데
등대는 어디 있나

시간은 바람처럼 모든 것을 몰고 간다
하늘의 별 셀 수 없듯 마음속도 구중궁궐

구름은
자유로운데
새가 되어 날고 싶다.

백발은 성성하고

기회를 호시탐탐 엿보던 이리떼들
텃밭을 뭉개더니 파 뿌리 심어놓고

반백 년
가꾼 동산을
송두리째 뺏는다.

잘난 척 나대면서 겁 없이 달려들어
원주민 몰아내고 시침 떼며 주인행세

세월을
등에 업고서
그 자리를 꿰찬다.

봄은 가고

엊그제 새순 돋아 힘차게 달렸는데
펴지지 않는 허리 하늘 볼 여유 없이
등 굽은 낙타가 되어 고갯마루 오른다.

덧없이 가는 세월 세 발로도 뒤뚱대니
활짝 핀 민들레꽃이 쉬엄쉬엄 가라하네
곱던 날 언제였던가 추억만을 들춘다.

발치

고운 꿈 꾸어가며 어제는 행복했네
가보지 않은 곳에 새 길을 내려 하니
두려움 앞장세워서 떨고 있는 나뭇잎

앙상한 겨울나무 애처로운 잎새 하나
피할 수 없는 만큼 막다른 골목에서
푸른 날 어디로 갔나 또 다른 길 찾는다.

삶의 여정

멀리 온 삶의 여정 바쁘게만 살았다
마음 꽃은 한창인데 뉘 얹어 준 은발인가

누에가
명주실 뽑듯
감긴 회억(回憶) 풀어낸다.

긴 시간 나도 모르게 곶감 빼듯 도둑맞고
못 채운 욕심보다 다시 백년 준비하며

철부지
세월 붙잡고
언제까지 꿈만 꿀까

괘종시계

햇살이 손짓해도 한눈을 팔지 않고
달님이 속삭여도 눈길도 안 주면서
오롯이 곧은길로만 변함없이 걷는다.

수십 년 한곳에서 흔들림 하나 없이
비뚠 곳 가지 않고 바른 길 고집하며
묵묵히 진실 하나만 앞세우고 따르란다.

석양을 보며

해님이 산을 넘다 살짝이 윙크하네
웃으며 손짓하니 다시금 눈을 찡긋
설레고 두근거림은 열여섯의 소녀다

주변을 포근하게 감싸는 노을 속에
환하게 웃고 있는 보고픈 정다운 님
아쉬운 여운 남기며 산 너머로 숨는다.

다짐

해마다 알찬 계획 통 크게 세우지만
뜬구름 흘러가듯 한밤 자면 날아가니
고삐를 어떻게 매야 아빠처럼 몰고 갈까

마음이 허술하여 쉽게도 풀어지니
언제쯤 여행길에 야문 꽃을 피울까
또다시 일어설 준비 주먹을 불끈 쥔다.

덧셈과 뺄셈

세상을 살아가며 덧셈만 하다 보니
불어난 살림살이 까마득히 삐걱대고
팔십 리 걸어왔더니 걸터앉기 버겁다

뺄셈을 배워보니 어려울 게 하나 없다
아들딸 다 떠나고 집안도 헐렁하니
마지막 떠날 사람만 한일자로 눕는다

새로운 세계가 열리다

스마트폰 개통한 날
여기가 신천지네

캄캄한 밤길에서
새날을 맞이하여

딴 세상 살아가려고
손가락은 분주하다.

그리움

따뜻한 그 눈빛
아른거려 문자 쓰네

마음의 우체통에
곱게 접어 보낸 사연

오늘도
그리움 익어
새 문자가 떨어진다

비탈길

비탈에 멈춰 서서 먼 산을 바라보면
지난날 아픔조차 한 조각 구름 같고

선명히
차오르는 추억
강물처럼 흐른다.

가파른 언덕길을 한 걸음씩 내디디면
우물물 퍼 올리듯 살아나는 기억들

울컥한
핏빛 노을이
비탈길에 바장인다.

추억은 물과 같이

야호도 외치면서 시냇물에 발 담그고
가재와 송사리도 잡고 놀던 아이들
너무도 행복한 시간 모든 것이 그립다.

맑고도 경쾌하게 흐르는 물소리에
휘파람 절로 나며 언제나 젊은 듯이
지칠 줄 모르던 그때가 아름답게 반추된다.

추억은 물과 같이 말없이 흘러가도
그릇의 모양대로 담아서 쓰임 받듯
겸손함 나도 그렇게 비워가며 살고 싶다.

새로운 시작

백 년을 산다면 나는 지금 어디 있나
다섯으로 나누어 넷은 이미 써버렸고
그림자 작아지는 겨울 움츠리는 소심함

어릴 적 기억들이 밤이면 조곤조곤
아직도 남아있는 꿈들을 알려주고
한 번도 안 가본 길을 탐험하려 달려든다.

2 아카시아 꽃그늘

믿음은 산같이 솟고
사랑은 이천십년 가을
영원히 혜원 박숙자
마르지 않는 샘처럼

씀바귀 꽃

수줍게 뒤로 숨는 가녀린 귀여운 꽃
눈웃음 가득 짓던 친구의 앳된 모습

멀고 먼
그리움 모아
동심 세계 그린다.

고향 친구

뚝방에 모여앉아 풀꽃반지 끼워주고
눈동자 반짝이며 순수했던 지난 시간

밤새며
스스럼없이
털어놓는 이야기꽃

빗물이 스며들 듯 촉촉한 마음으로
다음을 기약하며 손과 손 마주 잡고

해맑게
웃으며 놀던
지난날을 그려본다.

봄소식

눈부신 아침햇살 커튼을 쏘아보니
새색시 뒤척이며 잠투정이 한창이고
또르르 이슬방울이 꽃 이마에 깨진다

봄비에 얼굴 씻고 뽀얘진 풀잎들이
서로들 키를 재며 기지개를 켜대는데
산수유 무심히 보며 손가락을 튕긴다.

생기 있는 봄

얼었던 땅 풀리면서 수런대는 귓속말
물오른 버들가지 한들대며 춤을 추고
살포시 눈뜬 산수유 아기 웃음 짓고 있다

불러내는 봄바람에 솔깃하여 나가보니
양지엔 파릇파릇 새싹들 모여 놀고
꽃망울 터지는 소리 희망을 속삭인다.

그리움

꽃비가 뺨 때려도 즐겁다고 깔깔대며
하얀 이를 보여주던 그 얼굴 아른댄다
내년에 오자 했는데 홀연히 빈자리다

꽃잎에 내려앉아 나폴대는 노랑나비
멀리서 찡한 맘에 여우비 흩뿌리다
대청호 에움길 따라 꽃 그림자 날린다.

이팝꽃

두 그릇 먹는 것이 눈치가 보였기에
수북이 한 그릇에 퍼 올린 하얀 쌀밥
지금은 그리움으로 바라보는 이팝꽃

밥그릇 훑어보며 고봉밥에 눈길 주고
가뭄에 콩 나듯이 허락되던 세끼 식사
흘러간 노래 한 사발 추억으로 차린다.

아카시아 꽃그늘

코끝을 간질이는 오월의 진한 향기
봄바람 살랑대듯 가슴속 이야기를
살며시 꺼내어 보는 마법 같은 꽃그늘

노래하며 한 잎 두 잎 따내는 사랑나무
보고픈 옛 친구들 그리운 고향마을
언덕길 오르내리며 깔깔대던 그 시절

푸른 잎 너울대며 가지마다 주렁주렁
바람도 지나가며 향기를 불러내고
저만치 조각구름도 쏜살같이 달려온다.

비눗방울

한 그릇에 내려도 부딪히지 않으면서
큰 원 속에 작은 원을 연달아 그려 넣고
서로를 얼싸 안아주는 행복의 시간이다.

네가 크다 내가 작다 다투지 않으면서
손잡고 함께 놀며 추억에 젖어드나
차분히 가라앉는 마음 무지개로 떠오른다.

풋보리 서리

까칠한 보리 이삭 여린 손에 비비면
얼얼하고 따끔해도 쥐어지는 알갱이

보석을
훔친 것처럼
여린 가슴 두근댄다

모닥불에 구워서 후후훗 불어내면
날아가던 참새도 군침 한 번 꿀꺽하고

꽃구름
수놓는 하늘
어린 날의 궁전였다.

삶의 조각보

씨줄과 날줄이 엮어내는 한세상
소중한 인연들을 무늬 놓아 박음질해
국화꽃 진한 향기로 물씬 적셔 널었다

서로가 나눠 가진 추억을 끌어안고
조각보 맞추듯이 마주 대고 찍는 사진
한 땀씩 수를 놓아서 둥근 사랑 펴 놓는다.

모과

남들은 못났대도 햇볕처럼 좋은 친구
속 깊이 간직한 향 솔솔솔 내어주면
저절로 발길이 끌려 그 향기에 취한다.

노랗게 익어가는 울퉁불퉁 생긴 친구
겉모양은 그래도 등불처럼 밝은 표정
뽐낼 것 없으면서도 자기 몫을 제법 한다.

높다란 나무 위에 주렁주렁 달린 모과
짝사랑 시작하고 눈길을 안 주어도
대문 앞 서성거리며 굵은 주먹 뽐낸다.

풀잎에 작은 거미

가늘게 실을 뽑아 얼기설기 지은 집
빨갛게 색을 적셔 눈부시게 익은 열매

수줍게
불어오는 바람
나의 볼도 익는다

들꽃과 재잘대는 시냇물의 돌림노래
빛 고운 나뭇잎과 동행하는 세월의 강

석양에
그물을 치고
꽃 이슬을 낚는다

팽이

고르지 못한 빙판 부르르 몸을 떨며
한번을 내리치니 비틀대다 쓰러진다
연거푸 맞고 나서야 겨우겨우 곧추 선다

몸싸움 벌렸다가 한방에 넘어지는 것
가까이 못 와보고 겁부터 내는 한판
신경전 벌여가면서 뒷걸음질 치다 만다

손에는 땀 쥐어도 재미있는 겨울 한때
뒤늦게 높이뛰기로 날쌔게 달려들어
꽃처럼 중심을 잡고 돌아가는 꿈의 무늬.

봄은 가는데

넘어지면 코 닿는데 자주 못 온 뿌리공원
한 달 새 다섯 번을 초대한 코로나 검사
결과를 기다리는 시간 가슴 조려 못 살겠다

작다고 무시하니 집요하게 달라붙고
승기를 잡았다며 오랫동안 떠는 유세
도무지 봄날도 없이 코로나에 잡힌 발목

마스크 벗는 날

쓰라면 벗고 싶고
벗으라니 움츠린다

청개구리 한 마리
마음속에 들어있나

야박히 거절 못해도
마스크는 들고 간다.

풀기 어려운 숙제

비단보에 싸놓은 소중한 기억들을
야금야금 갉아먹고 좀벌레 도망쳤나
종적을 찾지 못하여 헤매는 치매 세대

바짝 마른 삭정이 하얗게 부서지고
엉켜진 실타래는 매듭을 찾지 못해
다람쥐 쳇바퀴 돌 듯 갔던 길을 돌고 돈다.

얕잡아본 코로나19

작은 고추 맵다더니 독하고도 질기다
공포의 검은 연기 길 끊고 정(情)도 끊다
곁눈질 한 번도 안 준 새싹들만 파릇하다

과녁을 달려가서 가슴 뚫는 작은 벌레
허방다리 어찌 알고 뛰어넘는 변이종
모양도 보이지 않아 애간장만 태운다

맨 처음 우한 코로나 얕본 것이 화근였지
폭풍우 몰아쳐도 어김없이 와있는 봄
꽃으로 수놓는 산천 웃어볼 날 잊었다.

물난리

짱짱하던 하늘이 갑자기 우르릉 쾅
먹구름 토해내니 길 잃고 허둥대며
물살이 쓸고 간 자리 허공만 바라본다

살갑던 하늘에는 불바다 번쩍이고
숭숭 뚫린 구멍으로 내리붓는 물 폭탄을
삽으로 꿰매보겠다고 반짇고리 찾는다

흙더미 쌓인 자리 한숨으로 달래고
삶의 터전 다시 찾아 남은 힘 쏟아낸다
하늘은 천연스럽게 마음 비워 맑음이다.

옹이

상처가 무성해도
견디고 참아내니

뒤틀린 몸에서는
새살이 돋아나와

옹이 진
마디마디에
다부진 맘 새긴다.

불청객

봄꽃이 만발하여 휘황하게 손짓해도
가까이 가지 못해 먼발치서 바라보고
꽃들은 입을 가리고 꽃 받이도 금지란다.

보이지 않는 것이 무슨 힘이 대단한지
여권도 내지 않고 국경을 넘나드나
움츠린 답답한 가슴 툭툭 치며 눈치 잰다.

초대하지 않은 손님 불편한 동거생활
으름장 놓으면서 물러가지 않고 있다
코로나 쫓아낼 묘책 공모 방(訪)을 붙인다.

3 꼬마 눈사람

우리 함께 사는 동안 참 많이 웃고 서로를 아끼고 사랑하며 건강하고 후회 없이 살다가 아름다운 뒷모습 남기고 떠나자

혜원 박숙자

가을빛

사각대는 낙엽 소리 귀 기울여 듣는다
한걸음 또 한 걸음 내딛는 발자국

단풍 숲
물들여가며
그리움은 쌓인다

나뭇잎 사이사이 내리쬐는 고운 햇살
그이와 함께 가며 설레던 수많은 날

귓가에
솔솔 쌓아둔
보물지도 꺼내본다.

아련함

부모님과 함께했던 진해의 벚꽃축제
온 세상 다 얻은 듯 기뻐하고 행복했지
꽃처럼 고우신 모습 꿈에라도 뵙고 싶다.

바람에 흩날리듯 떠나간 아쉬움들
엊그제 같은데 어느새 사십 오년
시간이 지나갈수록 그리움은 더 가깝다.

평생을 일에 쫓겨 허리 한번 못 폈는데
밤잠을 설쳐가며 꽃단장도 잊지 않고
꽃 터널 비를 맞아도 웃음소리 환하다.

어머니 1

가족이 많다 보니 밥주걱 들고 서서
하나둘 밥그릇 수 몇 번이고 세어가며
대식구 삼시 세끼를 책임지신 어머니

긴 밤을 낮 삼아서 집안일 농사일을
손 마를 틈도 없이 깔끔히 소화하고
샘솟는 사랑을 퍼서 씻어놓는 자식들

똑같이 구워내도 각기 다른 그릇같이
길고 짧은 손가락, 모양도 각각인데
팔 남매 키우신 품엔 빈 젖만 매달렸다

어머니 2

옹달샘 맑은 물은 퍼내도 줄지 않고
쉼 없이 넘쳐가서 계곡을 다 적시듯
일생을 적셔주시는 어머니의 젖가슴

어디서 들으실지 말없이 불러보면
부끄럼 감싸 안는 무정하게 깊은 허망
하늘엔 닿지 않는 별만 눈물을 글썽인다

한결같은 마음으로 극진하게 주신 사랑
허리가 끊기도록 아픈 밤을 참아내며
가신 길 발자국 지우며 그리운 눈 쌓인다.

살찌는 계절

갓 따온 풋콩 넣고 햅쌀로 지은 밥
기름이 좌르르 군침이 절로 난다
가을도 고봉 한 사발 기도하는 벌레소리

덤으로 햇살 한 줌 정성껏 사려 담고
가마솥 장작불에 애틋한 맛 끓여 내면
풍성한 가을 밥상에 야채들도 껄껄 웃지.

어느 겨울

말없이 눈 오는 날 방안엔 군밤 튀고
따끈한 아랫목에 발들이 오물대고
가족들 살갗 비비며 도란도란 나눈 정

부엌에선 뚝딱뚝딱 바쁘시던 손놀림
상 가득 차려내신 사랑 한 상, 웃음 한 상
솜사탕 수북이 쌓이는 겨울밤의 꽃 풍경

일하며 밤을 새도 가족 곁이 재미있다
환하게 웃으시며 힘든 것도 모르던 임
사진 속 백합꽃처럼 어찌 그리 고우실까

버팀목

이십 대 멋 낼 나이에 자신의 꿈 모두 접고
가세가 기운 집안 일으켜 세우려고
뛰어난 바느질 솜씨 가족 생계 꿰맸지.

반짝이는 별들과 눈 맞춤할 시간 없이
오로지 일만 하는 엄마 같은 우리 언니
사막의 오아시스처럼 단꿈을 선물했지

작은 체구, 넓은 마음 지칠 줄 모르는 힘
느티나무 그늘보다 넓게 펴는 날개 밑
비 개면 쌍무지개를 양어깨에 지고 왔지.

해가 서쪽에서 떴나?

흰 눈이 온 세상을
아름답게 덮은 아침

한 번도 하지 않던
아버지의 서툰 비질

가족들
박수소리에
멋쩍어서 땀 닦는다.

아버지의 낚싯대

동트면 삼십 리길 날마다 출근하듯
욕심 없이 던진 줄에 모진 세월 낚으며
저녁엔 웃음 한 망태 들쳐 메고 오셨지

저 멀리 밀려나는 손때 묻은 낚시도구
야속한 세월 뒤로 점점 깊이 숨으려고
잠자리 날개 접듯이 하루해를 접는다

라일락

상냥한 미소 띠며
하루를 시작하니

뜨락의 맑은 햇살
따사롭고 산뜻하며

라일락 고운 꽃 되어
며느리가 들어온다.

꼬마 눈사람

뭉치고 둥글리며 고사리손 호호 불며
세상에 하나뿐인 멋진 작품 눈 케이크
겨울밤 환히 밝히며 꽃잎처럼 날린다.

세워놓은 케이크에 하늘에서 내리는 눈
마음을 포개 만든 두 아들의 순수함
아직도 지난 반세기 그 감동을 못 잊는다.

말 한 마디

세상에 태어난 것 부모님 덕택이니
건강만 챙기라는 아들의 안부 전화
시원한 음료 마신 듯 달콤하고 상쾌해

자식을 키워보니 힘든 것 알겠다며
'사랑해요' 한마디 말 뭉클하게 맺혀오니
효성은 억만금으로 살 수 없는 이 행복

복덩이

멋지지 대단하지 유나 좀 봐 할머니
세 살 먹은 손녀는 집중력도 대단하다
총명한 눈망울 속에 옥구슬 굴러간다.

칭찬을 받고 싶어 밥 잘 먹는다 박수치고
젓가락 잘 잡으면 또 박수를 쳐달란다
총총한 은하수 속에 빛나는 별 내 손녀

계단을 올라가며 힘들다 말했더니
할머니 연습하면 잘할 수 있어 말한다
귀엽고 예쁜 복덩이 번쩍 들어 안아준다.

분홍 편지

문자나 전화 한 통 간편하게 사는 세상
분홍색 편지지에 사랑 담은 손 편지
시 짓고 악기 연습하는 할머니 멋지단다.

손녀의 고운 마음 응원의 말 한 마디
가슴이 뭉클하고 없던 힘 절로난다
오월의 맑은 하늘만큼 내 마음도 무지갯빛.

야무지고 속 깊은 우리 집 똑순이는
예쁘고 상냥하며 손재주도 대단하다
선물로 저 하늘의 별 듬뿍 따서 주고 싶다.

우리 집 보배

노래도 잘 부르고 그림도 좋아하며
넉넉한 마음가짐 가족들 자랑거리
손자를 자랑하려면 돈 내놓고 하라는데

살가운 생각으로 친구도 잘 챙기고
자립심 강하면서 인사성도 바르다
기특한 손자를 보면 안 먹어도 배부르다

금상첨화 할머니의 컴퓨터 선생님
자꾸만 물어봐도 언제나 친절하다
맑게 갠 하늘을 보듯 내 마음은 산뜻하다.

첫돌 손녀

무슨 말 하고 싶어 혀 굴리는 옹알이
할미와 눈 맞추며 어르는 듯 말을 걸고
몸으로 만화영화를 보여 달라 조른다.

뽀로로와 크롱 보면 엉덩이를 들썩이고
작은 손 출렁이며 까르르 까르르르
해맑은 웃음소리에 해지는 줄 모른다.

영화가 끝날 즈음 쪼글한 내 손 잡아
처음으로 돌려 달라 자판 위에 올린다
손녀와 소통하려고 눈높이를 맞춘다.

겨울밤

새아씨 소곤대듯 조용히 내리는 눈
벽난로 장작불에 둘러앉은 가족들

따뜻한
찻잔 들고
그리움을 마신다

깨소금 볶는 소리 밖에까지 툭툭 튄다
엉큼하게 찾아와서 청설모 기웃대고

아련한
시간여행은
무지개로 떠오른다.

꼭 찍어둔 곳

선물로 받은 삶을 올곧게 쓰고 싶어

좀 슬지 않는 그곳에 점 하나 찍어 놓고

수만 번 살펴보면서 부족한 것 채워간다.

4 바람은 신기루

복은 맑고 검소함에서 생기고 덕은 몸을 낮추는 데서 생기고 도는 편안하고 고요한 데서 생기고 명은 화창한 데서 생기다 근심은 욕심많은 데서 생기고 재앙은 탐욕에서 생기고 과실은 경솔한 데서만 생기며 죄는 어질지 못한 데서 생기느라 혜원 박숙자

춘란 한 송이

봄기운 받으라고 손짓을 하였건만
눈길도 주지 않는 무심한 나를 향해
하늘이 보내준 향기 전해주는 꽃편지

어느 날 꽃눈 뜨고 웃으며 나에게 와
촛불 앞에 마주앉아 도란도란 새우는 밤
은밀히 설레는 마음 풀어보는 봄소식

이른 봄에

꽃들의 수런거림에 닫았던 창문 열면
기지개 활짝펴며 오솔길이 손 내민다

먼저 온
아지랑이는
문밖에서 서성인다.

어깨를 들썩이며 콧노래 부르는데
밖으로 끌어내는 재주 많은 봄바람

꽃망울
터지는 소리에
살얼음이 깨진다.

사랑을 듬뿍 주니

가녀린 싹눈이 뾰쪽하게 내밀었다
그 손을 반갑다고 잡아주고 웃어주니
마음껏 팔다리 펴며 재롱떠는 고구마 싹

거침없이 줄을 타고 앙증맞은 손 흔들며
조금씩 땅 뺏더니 거실을 다 삼켰다
겨우내 물만 먹고도 솟는 힘이 신비롭다.

철쭉

온몸에 꽃불 놓고
곱게도 타오르다

덧없이 길어진 눈썹
초침처럼 돌고 돌다

애잔한
눈빛만 남아
두려움을 털고 있다.

할미꽃

자줏빛 옷고름에 샛노란 꽃술 달고
비단결 속마음은 안으로만 드리운 채
새색시 고개 숙였네 부끄러움 안고서

먼 길을 오느라고 등마저 휘어진 채
한 떨기 꽃이 되어 등성이에 서 있네
쪽머리 단정히 빗은 할머니의 그 모습.

바람은 신기루

변덕 심한 바람이 간지럽게 속삭인다
여민 마음 풀어내려 거세게 또 부드럽게
나뭇잎 악사들 향해 지휘봉을 흔든다.

저마다 다른 몸짓의 심포니 오케스트라
무대 위 지휘자는 투명하게 서 있는데
호흡을 척척 맞추며 온 산 나무 흥이 났다.

거미

그네를 매어놓고
여유를 즐기는데

풀벌레 기웃대다
제풀에 넘어지면

양손을
치켜들고서
입꼬리를 올린다.

난초꽃을 보며

산고를 치르느라 여력도 없을 텐데
큰 기쁨 얻었다며 어여삐 웃는 얼굴
가만히 바라만 봐도 내 마음은 설렌다

티 없이 맑은 하늘 기분도 상쾌하고
은근한 난초 향의 매력에 이끌리어
더없이 행복한 시간 두 손 모아 받든다.

경칩에

땅속에서 뛰쳐나온 개구리 한 마리
사방을 둘러봐도 낯설은 다른 세상
가쁜 숨 몰아쉬면서 풀잎 위에 오른다.

드넓은 세상 향해 고향땅을 등지고
아스라한 꿈속에서 갈피를 잡지 못해
스르르 감기는 눈썹 봄 햇살과 겨룬다.

여름 감기

부르지 않았어도 제집처럼 눌러앉아
온몸의 신경을 곤두서게 긁어댄다
힘주어 큰소리치니 잠시 떠나 엿본다.

짐승도 안 앓는다는 여름감기 진을 치고
물렁한 주인이라 깔보고 안 나간다
끝내는 의사 손에 든 주사보고 꽁지 뺀다.

달팽이

한곳에 머물다간 넓은 세상 다 못 본다
집 한 채 둘러메고 팔도강산 유람하며
볼 것이 참 많은 세상 찬찬히 둘러본다.

메고 온 집 있으니 해가 져도 걱정 없고
풀벌레 울음소리 자장가로 들어가며
오늘 밤 행운을 꿈꾸려 네잎클로버 찾는다.

나무 그늘

나무 위 서성이던 바람이 살랑거려
지친 몸 쉬게 하고 마음 문 열게 하니
가벼운 깃털이 되어 삼천리를 달린다.

하늘의 구름처럼 바라는 욕심 없이
푸근한 정 나무며 힘내라 응원하는
천상의 아름다움을 다 갖추고 서 있다.

분꽃

겁많은 식구들이 한집에 모여살며
서로를 보듬으니 화목하게 피는 웃음
다소곳 앉아 있다가 때를 찾아 모인다.

개성은 다르지만 수줍기는 한결같아
저녁이면 함께 피어 은은한 향기 잔치
제몫을 차리고 나면 통꽃으로 툭툭 친다.

들녘의 멋쟁이

머리를 곱게 묶어 한껏 멋을 자랑하고
보조개 웃음 지며 누군가를 기다린다
손등은 까칠하지만 고운 속내 뉘가 알까

늘씬한 키 나폴대는 자주색 스카프에
풋풋한 몸놀림은 뭇사람 호려댄다
향기로 마음 전하는 엉겅퀴의 매력이다.

불볕더위

호박꽃에 날아온 벌 낮잠을 청하는데
시원한 그늘 찾는 개미떼는 바쁘다
후드득 소낙비 한 줄기 반갑다가 그만이다

이글대는 뙤약볕에 시들해진 나뭇잎
타오르는 목마름은 하늘만 바라보는데
먹구름 달려오더니 멈춰 서서 속 태운다.

매미의 기다림

땅속의 깊은 세월 묵묵히 견뎌내고
이토록 밝은 세상에 울음부터 쏟는데
수줍은 암매미들은 소리 없이 내숭 떤다

나뭇잎 사이사이 맑은 빛 내리쬐고
사방으로 눈 굴리며 살펴보는 싱싱한 숲
맺힌 한 칠십 년만큼 내 노래 불러주나.

호수에서

깊이를 알 수 없는 수면 아래 넓은 세상
시린 속 다 알고도 입 다문 채 도도하고
갑자기 쨍쨍하던 하늘 먹구름 떼 서두른다.

반짝이는 잔조(殘照) 위에 아른대는 얼굴들
가까이서 들려오는 뻐꾸기 울음소리
덩달아 해묵은 사연 소나기로 토해본다.

옥수수

바로 볼 수 없는 얼굴 하얀 이 드러내고
지그시 눈을 감고 하모니카 연주하면
쫀득한 너의 유혹을 뿌리치지 못한다

부드럽고 긴 머리 뭇 눈길 사로잡고
호젓한 산밭에서 사랑받는 옥수수
탱글이 여문 알갱이 얇은 옷에 숨어 있다

5

오던 길 돌아보며

천년을늘어진 호항상 가락을 지니는
오동나무처럼 인생을 춤추게 살아
도향길을 팔지않는 매화처럼 장유
로운제모습을잃지않고 수실지 찾
씨 격려하리라 유안진의 지링지교를 가러쓰다

혜원 박숙자

가을비

스산한 바람 일며 가을비 내리더니
고운 빛 낙엽들이 우수수 떨어지네

어디로
뒹구는 걸까
방향감각 둔하다.

고와도 한철인가 뽐내던 그 시간들
그리움 지우면서 왔던 길 돌아보며

갈 곳을
잃어버리고
머뭇대다 떨어진다.

메뚜기

살금살금 풀 메뚜기 후드득 벼메뚜기
풀밭을 누비면서 신나게 잘도 난다
푸른 힘 펼쳐 보이며 천년 살 듯 뛰논다.

콩 튀듯 나대던 힘 가을의 찬 서리에
더듬이 만져가며 걸음은 뒤뚱대니
잡아챈 애잔한 마음 울컥 눈물 삼킨다.

인내

바람에 흔들리고
눈비에 시달리며

하세월 참아 살다
나이테만 늘어나니

내 몸도
떫은 감처럼
달콤하게 우려진다.

연안부두에서

푸른 물결 수를 놓듯 반짝이는 가을 바다
날개를 휘저으며 둥지 찾는 갈매기 떼
구슬픈 뱃고동 소리 시린 가슴 저민다

야속히 가는 시간 붙잡지 못하지만
눈물은 앞을 가려 흔드는 손 얼룩지나
뱃머리 멀어지는데 그리움은 가까워라.

동행

낙엽 한 잎 타고서 떠나는 가을 여행
맞잡은 손의 온기 가슴 점점 설레고
잔잔한 노랫소리에 내 마음은 흔들린다

소슬한 바람결에 짝짓는 조각구름
모퉁이 돌아가다 마파람에 넘어져도
초록에 다시 일어나 함께 피는 그 꽃길

날리는 고운 옷깃 눈감고 느껴보며
귓전에 맑은 음성 경쾌해진 발걸음
시냇물 흐르는 소리에 벅차오는 가슴 결.

허수의 보람

헐렁한 옷차림에
푹 눌러쓴 밀짚모자

가을볕에 익어가는
황금빛 고향물결

풍년에 한몫했다며
으쓱대는 허수아비.

낙엽

긴 여행 마치고서 사뿐히 내려온다
두려움도 화려함도 내 것이 아니라며
비우고 가벼워진 몸 떠날 준비 서두른다

고운 옷 갈아입은 낙엽 한 잎 발등에 뚝
갈길 찾아 떠나는데 눈시울은 왜 붉히나
괜스레 보내는 마음 속울음을 뒤적인다

노래하는 가을

달빛 물든 창가에 마실 나온 귀뚜라미
추억 모아 향기 모아 모닥불을 지피며
밤새껏 얼굴 맞대고 읊어보는 시 한 수

수놓은 갈잎 모아 바람결에 띄우고
은쟁반에 담긴 구슬 멀리 쏘아 굴리며
둘이서 간직한 연서 오선지에 옮긴다

빛 고운 단풍잎을 문살에 덧바르고
굽이치는 들녘에선 피어나는 코스모스
정겨운 가을 풍경을 화선지에 담는다.

잠자리

댓돌 위에 벗어놓은 고무신에 잠자리
동그란 겹눈으로 사방을 살피다가
따뜻한 가을 햇살에 안경 벗고 눈 감는다

예쁘게 잠자는데 깨우지 않으려고
맨발로 가만가만 그 곁에 가 앉으려니
놀라서 파르르 떨며 날아가는 고추잠자리.

첫사랑

소복이 쌓인 눈길
발걸음은 조심조심

따라오는 발소리에
가슴은 두근두근

손잡고
함께 걸으니
십리 길이 금방이다.

발자국

산 넘고 물 건너며 보랏빛 꿈을 꾸고
걸어온 뒤안길을 가만히 살펴보니
시원한 산들바람에 시 한 수가 남았다.

소슬한 바람결에 떼구름 손짓하는
오솔길 따라가니 빨갛게 익은 홍시
뉘 닮아 얼굴 붉히나 가을하늘 물들인다.

빗소리

가을을 재촉하며
가랑잎 스치는 비

촉촉한 마음속에
숨겨둔 옛 얼굴들

살며시
들춰보면서
그리움에 젖는다.

가을볕에

산들바람에 잠긴 대문 슬그머니 열고서
호수에 작은 돌로 물수제비 뜨다보면
눈부신 은빛 물결에 환해지는 마음 밭

빗장을 열어놓고 가만 앉아 기다리면
책갈피에 꼭 눌러둔 조그만 압화들도
드높은 가을하늘에 말갛게 피어난다.

가을걷이

실에 꿴 곶감들이
햇살을 움켜잡고

일손이 바쁜 만큼
쌓이는 가을걷이

땀 흘린
농부의 손길
솔바람이 돕는다.

들국화

가늘고 여리지만 흔들리지 않는 마음
눈웃음 가득 담아 따뜻함을 드러내니
청순한 그 모습에 반해 한 표 찍어 새긴다.

눈꽃

까치밥 듬뿍 남긴 넉넉한 시골 인심
그리움 가득 모아 향수에 젖어보고
눈 덮인 빨간 홍시도 먼발치서 웃는다

햇볕이 방긋하니 살며시 내민 얼굴
말갛게 웃는 모습 천진한 아기 닮아
가던 길 멈추어 서서 행복함에 젖는다.

겨울 아침

밤새워 내린 눈이 산과 들 허물었다
무거운 짐을 안고 서 있는 나뭇가지

희뿌연
하늘을 보며
해빙하길 손 모은다.

막힌 길 뚫으려고 집 앞에 나온 이웃
힘 모아 땀 흘리니 다람쥐도 기뻐 뛰고

마을엔
환한 웃음들
뿌듯하게 아침 연다.

몰래 떠난 겨울

손가락 틈 사이로 모래알 빠져가듯
봄비에 떠밀려서 잔설은 간데없고
목련꽃 보조개 피며 방긋방긋 웃고 있다

화들짝 잠을 깬 개구리는 허둥대며
경칩을 싸놓고는 멀리뛰기 준비하고
밧줄로 동여맨 시간 느슨하게 풀린다.

오던 길 돌아보며

가벼운 마음으로 콧노래 부르면서
오던 길 차근차근 발자국 세어보며
정겹던 뽀드득 소리 아련한 그리움.

눈 덮인 초가지붕 고드름 주렁주렁
오솔길 산속에선 토끼도 길을 잃고
훈훈한 옛이야기는 땅속까지 녹인다.

작품 해설

멋진 할머니의 꿈과 사랑의 찬가
- 박숙자 시조집 『삶의 조각보』의 시조 세계

박헌오 시조 시인, 전)한국시조협회 이사장

  박숙자 시인은 손자 손녀와 동급생 같은 멋쟁이 할머니시다.

  그동안 문학을 공부하는 젊은이들도 어렵다는 시조를 공부해서 시인으로 등단하고 이제는 개인 시조집을 세상에 내놓게 되었으니 이 책을 양 손에 들고 만세를 부르며 가장 기뻐할 사람은 바로 손자 손녀일 것이다. 손주들이 엄지손가락을 치켜 올리는 할머니가 가장 멋진 할머니일 것이란 생각이 맨 먼저 떠올랐다. 멋진 할머니의 사랑을 받는 손주들이 누구보다 자랑스럽고 행복할 것이며, 장차 훌륭한 사람으로 성장할 것이란 확신이 든다.

  박숙자 시인은 뒤늦게 시조를 공부해서 시조 시인이란 이름을 이 세상에 남기고, 정성을 다해 지어놓은 시조의 조각보를 향기로운 선물로 전해줄 것이다.

  인생 이모작 시대라고 하는데 세상에 나와서 20세가 되면 성년식을 갖고 옛날에는 호패를 차면서 스스로 자신의 앞길을 책임지는 성년이 되는 것이다.
  호패를 차고부터 회갑을 맞는 60세까지가 직업을 가지고 생산활동에 참여하였다가 정년퇴임까지 전반기의 인생 여정이 된다. 그런데 사람의 수명이 늘어가면서 100세 시대가 도래하면서 60세 이후 40년을 어떻게 살아갈 것인가에 대하여 고민하게 되었다. 정서적으로 후반기 인생에 가장 중요한 역할을 하는 것은 평생교육이다. 노랫말의 한 소절처럼 '늙어가는 것이 아니라 익어가는 것이다'라는 후반기의 지성을 가꾸는데 있어 지성인다운 언어를 가꾸는 일은 필수적이라 할 수 있다. 그래서 많은 분들이 비로소 독서를 하고, 문학 공부를 선택하게 된다.

  우리의 선조들은 삼여(三餘)라 하여 아무리 바쁜 생활 가운데도 하루 일을 마친 저녁 시간, 비가 오는 날, 농사를 마친 겨울의 농한기 시간을 유익하게 활용하여 독서를 하고 글짓기를 게을리하지 않았다.
  그러면서 전통적으로 시조를 짓고, 읊고, 서로 주고받는 일을 생활화하였다. 임금으로부터 평민에 이르기까지 시조는 생활 문학이요 음악이었다.

이 같은 전통의 불씨는 꺼지지 않아 시조는 한국인의 소중한 문화유산이란 자각이 이어져 일제 강점기에 소멸의 위기를 거쳤으면서도 다시 불꽃이 피어 이제 국민문학으로 확산되고 있다. 우리 주변에서도 대전문학관과 대전시민대학에서 시조 문학반이 운영되어 많은 문인들을 배출하고 있다. 박숙자 시인은 여기에 앞장서 열심히 시조를 공부하면서 시조시인으로 등단하여 활동하고 있다. 이제 그 첫 결실로 시조집 『삶의 조각보』를 상재하게 되었다.

박 시인은 잠시만 이야기를 나눠봐도 '소녀의 마음'을 가진 분이라는 것을 느낄 수 있다. 청순함과 따뜻함과 바지런함을 가진 분이라는 것을 공감하면서 손자와 손녀들의 벗이 되는 이유를 알 것만 같다.

박 시인의 작품 한 편 한 편에서 삶의 유리창을 열고 아침 햇살을 맞이하며 미소로 화답하고, 삶의 기억을 되살려 이야기하고, 사랑을 고백하며, 감사와 섬김의 기도를 드리는 모습이 생생하게 연상된다. 그래서 이 시조집이 신선하고 향기롭게 느껴진다. 특별히 뛰어난 기교가 아니라도 홍조 띈 소녀의 얼굴을 손으로 가리면서 내놓는 글처럼 진솔하고 겸양함이 매력적이다.

순종으로 물든 석양의 여울

 누구나 마음속에는 전원이 있다. 마음의 전원에는 어린 날이 있고 벗들이 있다. 사진 속에서 손을 잡고 걸어 나와 추억의 길로 걸어가자 한다. 언제라도 싫지 않은 길이기에 꿈에서 깨어나 졸린 눈을 비비며 기꺼이 따라간다. 그 길동무는 마음 따뜻하고 웃음이 고운 사람이면 아무라도 좋다. 그런 사람이 오래도록 기억속에 들어와 있다가 그리운 이름으로 불러내면 언제라도 웃으며 걸어나온다.

 꼴머슴은 가축의 먹잇감이 되는 풀을 베어서 지게에 지고 오는 나이어린 머슴이 아닐까? 다른 아이들이 학교에 갈 때 가난한 집 아이는 머슴살이를 하며 자연과 더불어 살아간다. 그 마음이 전원이다. 그의 선생님은 하늘과 땅과 산과 시냇물이고 그의 벗은 제비꽃, 조약돌, 봄바람, 아지랑이일 것이다. 어른들은 측은하게 보겠지만 소녀는 그가 참 좋은 자연속의 친구였기에 추억의 고향에 꼴머슴이 웃으며 들꽃을 흔들고 있는 것이다.

> 꼴 한 짐 베어놓고 졸린 눈 비비면서
> 흥건히 젖어 내린 땀방울 씻어가며
> 푸른 꿈 장대에 띄워 소원을 올려본다

키 작은 제비꽃 핀 개울가 언덕에서
애꿎은 조약돌로 물수제비 날리는데
꿈 따라 떠나보라고 봄바람이 등 떠민다

속살대는 아지랑이 못내 보낸 두려움
맑은 햇살 언덕에서 새 꽃을 피워야지
마음을 굳게 다지니 발걸음 깃틸 같다.
―「꼴머슴」전문

오늘의 할머니들은 참으로 아름다운 시대를 살아왔다. 스스로 배고픔을 참다가 고맙게 음식을 취할 수 있었고, 땀을 흘리며 일하다가 바람 한 줄에도 시원함을 만끽하며 잠시 쉬는 복된 시간을 누렸고, 하루하루의 세월이 고맙고 소중하여 아름다운 추억을 쌓으며 윤기 넘치는 백발을 쓰다듬는 나이에 이르렀다. 박 시인은 그 세월의 끝자락을 붙잡고 이제 다시 백년을 준비하며 꿈꾸고 있다.

멀리 온 삶의 여정 바쁘게만 살았다
마음 꽃은 한창인데 뉘 얹어 준 은발인가//
누에가 / 명주실 뽑듯 / 감긴 회억(回憶) 풀어낸다.

긴 시간 나도 모르게 곶감 빼듯 도둑맞고
못 채운 욕심보다 다시 백년 준비하며//
철부지 / 세월 붙잡고 / 언제까지 꿈만 꿀까
―「삶의 여정」전문

살아간다는 것은 우주의 운행에 동행하는 것이고 우주의 운행은 근본적으로 음과 양의 진동일 것이다. 음은 뺄셈이요 양은 덧셈이라고 인식할 수도 있는데 인간이 생각하는 습관적인 인식처럼 뺄셈은 잃는 것이 아니다. 양극이 있으므로 생성이 이루어진다. 박 시인은 잠시 나이는 덧셈이요 아이들이 자라 객지로 모두 나가 살게 되니 집안이 비어가는 것은 뺄셈이라고 느끼며 이 시조를 쓴 것같다. 그리고 맨 마지막에 이 세상을 떠날 때는 한일자(一)로 눕는다는 오묘한 시심을 명상의 주제로 제시하고 있다.

> 세상을 살아가며 덧셈만 하다 보니
> 불어난 살림살이 까마득히 삐걱대고
> 팔십 리 걸어왔더니 걸터앉기 버겁다
>
> 뺄셈을 배워보니 어려울 게 하나 없다
> 아들딸 다 떠나고 집안도 헐렁하니
> 마지막 떠날 사람만 한일자로 눕는다
> ―「덧셈과 뺄셈」 전문

삶의 조각마다 피어난 꽃빛

  삶의 여백에는 꽃 같은 친구가 있고, 친구 같은 꽃이 있다. 그 가운데 시인은 씀바귀꽃을 조각보에 올려 놓았다.

씀바귀꽃은 초록 풀밭에 노랗거나 하얗게 꽃이 피는데 청순하고 가녀리고 귀한 모습의 특징을 포착하여 간결하게 표현하였다. 마치 아주 엷은 미소를 짓는 친구의 모습으로 의인화하였다. 화려하게 다가오지 않지만 사람에게는 유익함이 많은 식물이다. 씀바귀는 쓴맛을 지녔으면서도 채반(菜盤)이 되고, 차(茶)가 되고, 약재가 되고 아름다운 꽃까지 선사한다. 그런 친구라면 분명 좋은 친구일 것이다.

> 수줍게 뒤로 숨는 가녀린 귀여운 꽃
> 눈웃음 가득 짓던 친구의 앳된 모습//
> 멀고 먼 / 그리움 모아 / 동심 세계 그린다.
>
> ―「씀바귀 꽃」 전문

 가난한 시절에도 아름다운 기억이 있다. 시인에게 가난도 아름다움일 수 있는 것은 마음에 흔들리지 않는 아름다움을 간직했기 때문일 것이다. 보릿고개를 지냈던 어린 시절에 아직 덜 익은 보리 이삭을 따서 비벼보면서 가슴이 두근댄다. 군침을 흘리면서 팔랑대며 주위를 맴도는 참새는 다정한 친구가 된다. 봄 하늘을 바라보며 마음껏 날아가고픈 소녀시인의 봄이 연상 된다.

> 까칠한 보리 이삭 여린 손에 비비면

얼얼하고 따끔해도 쥐어지는 알갱이//
보석을 / 훔친 것처럼 / 어린 가슴 두근댄다

모닥불에 구워서 후후훗 불어내면
날아가던 참새도 군침 한 번 꿀꺽하고//
꽃구름 / 수놓는 하늘 / 어린 날의 궁전였다.
―「풋보리 서리」 전문

『삶의 조각보』란 제목을 듣고 경이로웠다. '그래 박 시인은 곱게 박음질한 조각보에 향기를 적셔 친한 문우들에게 모두 나눠주고 싶음을 직감하였다. 별다른 욕심이 없이 살아가면서 사람들과 아름답게 잇대어 박음질 하고, 그리운 사람들끼리 어울려 살고싶은 시인의 마음이 들여다 보인다. 거기에 꽃도 있고, 시도 있고, 밤새워 나누는 이야기와 웃음이 있으니 얼마나 좋은 삶이랴. 한 조각 한 조각 다른 색깔의 인연들이 조화롭게 이어져 날마다 추억을 꿰매가는 삶의 조각보에 사랑하는 사람들이 함께 있다. 그것은 홀로 바라보면 꽃밭이요, 함께 서 있으면 행복이다.

씨줄과 날줄이 엮어내는 한세상
소중한 인연들을 무늬 놓아 박음질해
국화꽃 진한 향기로 물씬 적셔 널었다

서로가 나눠 가진 추억을 끌어안고
조각보 맞추듯이 마주 대고 찍는 사진
한 땀씩 수를 놓아서 둥근 사랑 펴 놓는다.

— 「삶의 조각보」 전문

어머니가 그리운 어머니가 할머니란다.

시는 어머니가 주시는 선물이라 해도 공감하는 시인들이 많을 것이다. 시인들이 가장 깊이에서 깨내는 시어는 어머니일 것이다. 더구나 어머니가 된 여류 시인들은 어머니와 자신과 딸과 손녀 모두가 어머니의 길로 가고 있음을 실감하면서 애상(愛想)에 젖을 때가 많을 것이다. 한결같이 사랑과 희생과 헌신의 아이콘인 어머니의 역사를 써가는 것이다. 위급할 때도, 외로울 때도, 고통스러울 때도, 행복할 때도 어머니의 손을 끌어다 볼에 대고 눈물을 적시며 고백한다. 이미 세상를 떠나신 어머니도 마음에 대고 눈물을 적신다. 시인은 구체적으로 어머니에게 옛일을 이야기하고 있다. 몇편의 '어머니'란 시 가운데 한 편을 감상하면서 울컥해지는 어머니를 함께 느껴본다.

가족이 많다 보니 밥주걱 들고 서서
하나둘 밥그릇 수 몇 번이고 세어가며

대식구 삼시 세끼를 책임지신 어머니

　　긴 밤을 낮 삼으시던 집안일 농사일을
　　손 마를 틈도 없이 깔끔히 소화하고
　　샘솟는 사랑을 퍼서 씻어놓는 자식들

　　똑같이 구워내도 각기 다른 그릇같이
　　길고 짧은 손가락, 모양도 각각인데
　　팔 남매 키우신 품엔 빈 젖만 매달렸다
　　　　　　　　　　　　　　　－「어머니 1」전문

　또한 시인은 아버지가 쓰시던 낚싯대를 바라보며 생전에 낚시로 여일을 즐기시던 모습을 회상한다. 착하게 사시던 아버지의 모습, 낚시터로 출근하듯 지내시던 아버지의 외로운 세월, 낚아 올린 고기가 있던, 없던 웃으면서 돌아와 가족들을 반겨주시던 아버지의 넉넉한 사랑을 시조로 형상화하였다. 아버지의 낚시대는 가족의 곁에 남아서 점점 깊은 뒷전으로 밀려나지만 버릴 수 없는 가족의 기억을 간직하고 있다. 실제로 낚시도구가 있고 없고를 떠나 바로 아버지에 대한 그리움이 낚시도구로 환치되고 있는 것이다.

　　동트면 삼십 리길 날마다 출근하듯
　　욕심 없이 던진 줄에 모진 세월 낚으며

저녁엔 웃음 한 망태 들쳐 메고 오셨지

저 멀리 밀려나는 손때 묻은 낚시도구
야속한 세월 뒤로 점점 깊이 숨으려고
잠자리 날개 접듯이 하루해를 접는다
─「아버지의 낚싯대」 전문

박 시인이 시조를 쓸 만큼 멋진 정서를 가질 수 있었던 것은 한결같은 자식 사랑에서 비롯된다. 손자가 있는 것을 보면 아들은 벌써 성장하여 한 가정을 꾸리고 살아가고 있지만, 박 시인의 마음에는 고사리 손을 호호불며 눈사람을 만들어 주었던 추억이 눈 오는 날이면 더 큰 그리움과 감동이 짙어진다.

뭉치고 둥글리며 고사리손 호호 불며
세상에 하나뿐인 멋진 작품 눈 케이크
겨울밤 환히 밝히며 꽃잎처럼 날린다.

세워놓은 케이크에 하늘에서 내리는 눈
마음을 포개 만든 두 아들의 순수함
아직도 지난 반세기 그 감동을 못 잊는다.
─「꼬마 눈사람」 전문

세상에서 가장 행복한 그림은 손녀와 함께 즐거운 시

간을 갖는 할머니의 모습이 아닐까? 박 시인의 시조 가운데 좋은 시조를 다양하게 고를 수 있겠지만 화자인 작가 자신의 마음속에는 여기 「복덩이」란 한 편의 시조가 보석처럼 간직하고 싶은 작품일 것이다. 그 무엇과도 견줄 수 없는 감명, 감동, 감사, 감격이 담긴 시어들을 다 모아주고 싶은 할머니의 시심이 여기에 있을 것이다. 세 살 된 손녀의 재롱에 할머니는 녹아든다. 친구들과 돈을 내고라도 자랑하고 싶은 이야기가 너무나 생생하다. 이 작품을 쓰면서 굳이 비유나 은유나 상징을 염두에 두고싶지 않은 강렬한 언어가 반짝이고 있다.

    멋지지 대단하지 유나 좀 봐 할머니
    세 살 먹은 손녀는 집중력도 대단하다
    총명한 눈망울 속에 옥구슬 굴러간다.

    칭찬을 받고 싶어 밥 잘 먹는다 박수치고
    젓가락 잘 잡으면 또 박수를 쳐달란다
    총총한 은하수 속에 빛나는 별 내 손녀

    계단을 올라가며 힘들다 말했더니
    할머니 연습하면 잘할 수 있다 한다
    귀엽고 예쁜 복덩이 번쩍 들어 안아준다.
                                              —「복덩이」 전문

달팽이의 길 없는 길

 사람은 살아가면서 가고 싶은 길로만 갈 수 없고, 살고 싶은 곳에서만 살 수 없다. 그 누가 성냥갑처럼 쌓여서 남의 머리 위를 밟고 살고, 남의 발바닥 밑에서 살고 싶을까. 더구나 사방으로 꽉꽉 막힌 시멘트 벽 속의 공간에서 살고 싶을까. 전원에서 맑은 공기를 마시고, 별을 바라보며 텃밭에 싱싱한 식용작물을 가꾸고, 울안에 고운 꽃밭을 만들어 놓고 살아온 세대에게는 답답한 환경이 아닐 수 없다. 심지어 핵가족 시대가 되어 자식들이 분가해 나가고 보면 노인 부부만 살다가 한 사람이 세상을 떠나면 혼자서 살아야 하는 주택 구조여서 종종 세상을 하직한 줄도 모르는 채 아파트 문이 잠겨있는 경우도 있게 마련이다. 그래서 소위 고양이나 개의 지위가 반려묘, 반려견으로 격상되어 가족으로 인정받고 있다.
 고향이 그리워 실내의 작은 공간에 화분을 놓고 고구마 싹을 기르고 보니 예쁜 싹을 내밀고 넝쿨을 뻗어 거실을 다 차지하도록 가꾸는 아파트 농부의 마음을 이해할 만하다. 고향 한 평이 아파트에 와있으니 열악한 환경이지만 잘 자라도록 정성을 듬뿍 주니 고구마 넝쿨이 잘 자라게 된다. 도시 노인의 고독한 생활을 잘 묘사하고 있다. 고구마 싹을 기르는 마음이 곧 시인의 마음이며 현대 문

명인의 삭막한 정서에 대한 항변일 것이다. '너희가 이 맛을 아느냐?' 자연의 일부인 인간의 욕망을 공감한다.

> 가녀린 싹눈이 뾰쪽하게 내밀었다
> 그 손을 반갑다고 잡아주고 웃어주니
> 마음껏 팔다리 펴며 재롱떠는 고구마 싹
>
> 거침없이 줄을 타고 앙증맞은 손 흔들며
> 조금씩 땅 뺏더니 거실을 다 삼켰다
> 겨우내 물만 먹고도 솟는 힘이 신비롭다.
> ―「사랑을 듬뿍 주니」 전문

 할미꽃은 억울하다. 어린싹이 자라 새색시가 되고, 드디어 청춘의 심볼인 꽃을 피웠는데도 '할미꽃'이라 부르니 말이다. 그러나 할머니는 한편으로 위안을 얻기도 한다. 할머니도 꽃이란 말을 들으니 말이다. 그래서 할미꽃은 묘지의 주변에 많이 피는가 보다. 할머니에게는 효녀 같은 꽃이 아니겠는가? 그래서 시인은 할미꽃에 고운 옷고름을 매어주고 샛노란 꽃술을 달아주고, 할머니여서 고개를 숙인 것이 아니라 부끄러워서 고개를 숙인 새색시임을 인정하고 있다. 그리고 둘째 연에서는 묘지에 계신 할머니가 쪽머리를 다정히 빗고 나온 모습으로 환유하고 있다. 새색시인 할미꽃과 할머니 꽃인 새색시 꽃을 나란히 세우고 세월을 접어 놓았다.

> 자줏빛 옷고름에 샛노란 꽃술 달고
> 비단결 속마음은 안으로만 드리운 채
> 새색시 고개 숙였네 부끄러움 안고서
>
> 먼 길을 오느라고 등마저 휘어진 채
> 한 떨기 꽃이 되어 등성이에 서 있네
> 쪽머리 단정히 빗은 할머니의 그 모습.
>
> ―「할미꽃」 전문

 천지간에 길이 없는 세상은 없다. 박 시인은 살아온 삶의 여정을 달팽이의 보법으로 비유하면서 낙천적으로 표현하고 있다. 달팽이는 아주 천천히 기어가면서 어떤 장애물이라도 길을 삼아 넘어간다. 그리고 고개를 들어 세상 구경도 즐기는 듯하다. 그래서 어디든 가고 싶은 곳으로 가면 길이 열리고 목적지에 도달할 수 있다. 큰 집이 무슨 필요가 있으랴. 한 몸을 의지할 수 있으면 그 뿐이다. 바위를 깔고 하늘을 덮고 잠자리에 들더라도 행운을 꿈꾸는 신선의 삶을 누리는 것이다. 그러니 아무 걱정이 없는 여행이요 삶이요 운명인 것이다. 2연의 중장에서 풀벌레 울음소리를 자장가로 들으면서 종장에서 행운을 꿈꾸기 위한 소재인 네잎 클로버를 찾는다는 의미의 표현에서 시인의 긍정적이고 낙관적인 삶의 자세가 느껴진다.

>한곳에 머물다간 넓은 세상 다 못 본다
>집 한 채 둘러메고 팔도강산 유람하며
>볼 것이 참 많은 세상 찬찬히 둘러본다.
>
>메고 온 집 있으니 해가 져도 걱정 없고
>풀벌레 울음소리 자장가로 들어가며
>오늘 밤 행운을 꿈꾸려 네잎클로버 찾는다.
>―「달팽이」 전문

온 길을 돌아보면 곱기도 하다

 나이 들어 가을을 맞으면 젊은 시절과 달리 서글픔이 느껴지기 마련이다. 낙엽이 갈길을 재촉하는 것처럼 자신의 일생도 갈 길이 보이는 것 같은 운명적 동질감이 느껴지기 때문일 것이다. 곱게 단풍든 나뭇잎은 비가 오면 몸이 무거워져 버티고 매달려 있기가 힘들어진다. 손에 힘이 빠지면 놓치게 되듯이 무게를 견디지 못하면 떨어져야 한다. 어디로 떨어질까를 내려다 보면서 지나온 날들을 회상하기 마련이다. 그 회상의 무늬조차 무게를 더하여 떨어질 시간을 재촉한다. 그러나 떨어질 지라도 안고 있는 추억의 빛깔에 물들어 곱게 지게 된다. 갈 곳에 대한 두려움을 잃어버리고 잠시 머뭇대며 인사를 나누고 눈을 감는다. 누구나 떨어짐이 반갑지 않지만 떨어질 준비를 충분히 하면 두려움 없이 떠날 수 있으리라. 가을 비는 떨어질 시간의 예감으로 다가온다. 지나온 젊은날을 잃어버리고 가는 것이 아니라 추억으로 안고 가는 것이다. 준비한 자는 버림받듯 떨어지지 않고 스스로 선택한 길로 떠나는 것이다. 그리움의 눈을 감기고 왔던 길을 돌아보고는 떠나가는 가을 빗방울과 낙엽의 관상을 함축적으로 표현하고 있다.

> 스산한 바람 일며 가을비 내리더니
> 고운 빛 낙엽들이 우수수 떨어지네
> 어디로 / 뒹구는 걸까 / 방향감각 둔하다.
>
> 고와도 한철인가 뽐내던 그 시간들
> 그리움 지우면서 왔던 길 돌아보며
> 갈 곳을/ 잃어버리고 / 머뭇대다 떨어진다.
>
> ―「가을비」 전문

여행을 떠나든지, 배움의 길을 찾아가든지, 최후에 낙엽이 되어 떨어지더라도 축복받고 떠나는 길이 되려면 바로 동행이 있어야 한다. 동행은 꼭 함께 가는 것만은 아니다. 마음을 같이하는 동행이 있음을 알고 준비해야 한다.

그 기본은 사랑이 될 것이다. 만일 어디론가 여행을 떠날 때 가족이나 벗이나 문우의 사랑을 한 다발 가지고 떠난다면 같이 가지 않아도 동행이 된다하지 않겠는가? 여행 중의 도반을 위해서 기도해 준다면 그는 동행하는 사람이 되는 것이 아닐까? 사랑을 베푼 사람은 그 보상을 받게되고 사랑을 받은 사람은 그 빚을 갚아야 하듯이 말이다. 우리의 여행도 언젠가 낙엽의 여행과 같게 될 것이다. 박 시인은 그 낙엽의 가을여행에 대하여 감성적으로 묘사할 뿐만 아니라 우리의 여행을 예언하고 있다. 귓전에 맑은 음성을 들려주는 시냇물 소리를 들으며 여행자 자신의 발걸음을 옮겨가는 것이다.

>낙엽 한 잎 타고서 떠나는 가을 여행
>맞잡은 손의 온기 가슴 점점 설레고
>잔잔한 노랫소리에 내 마음은 흔들린다
>
>소슬한 바람결에 짝짓는 조각구름
>모퉁이 돌아가다 마파람에 넘어져도
>초록에 다시 일어나 함께 피는 그 꽃길
>
>날리는 고운 옷깃 눈감고 느껴보며
>귓전에 맑은 음성 경쾌해진 발걸음
>시냇물 흐르는 소리에 벅차오는 가슴 결.
>
>―「동행」 전문

차표를 사고 열차를 기다리다가 배웅을 받으며 승차하는 사람의 모습을 눈덮인 시골 역에서 바라본다. 열차는 미지의 길로 가지만 마음은 지금까지 걸어온 길로 되돌아가면서 주마등처럼 추억에 매료된다. 눈이 내린 길위의 발자국을 세어보면 그리움의 거리는 한없이 멀리 이어져 있다. 초가지붕에 고드름이 주렁주렁 열린 집도 보이고, 산속의 오솔길에서 길을 잃은 산토끼도 만나고 헤아릴 수 없는 많은 이야기들이 온 산의 눈을 녹여 계절은 다시 봄이 오고 있음을 느낀다. 지금은 갈 수 없는 추억의 봄이 거기 있는 것이다. 시인은 오늘 이 길에 어떤 이야기를 묻어놓고, 어떤 시조를 써서 이정표처럼 세워둘 것인지 고뇌하고 있다.

> 가벼운 마음으로 콧노래 부르면서
> 오던 길 차근차근 발자국 세어보며
> 정겹던 뽀드득 소리 아련한 그리움.
>
> 눈 덮인 초가지붕 고드름 주렁주렁
> 오솔길 산속에선 토끼도 길을 잃고
> 훈훈한 옛이야기는 땅속까지 녹인다.
>
> ―「오던길 돌아보며」 전문

시조를 쓰면서 누릴 수 있는 행복, 시조에 담아 간직할 수 있는 소중한 유산, 시조로 전해줄 수 있는 진솔한 사랑, 그것을 함께 할 수 있는 이는 비교할 수 없는 존귀함과 아름다움과 지속 가능함을 지닌 사람이다. 그래서 우리 선조들은 전통적으로 시조를 즐기셨고 또 물려주셨다. 조상이 물려주신 소중한 문화유산을 보전하고 향유하는 지혜로운 후손이 되는 것은 이를 배우고 생활화 하는 길이다. 만일 자신의 작품이 세상에서 가장 우수한 작품이 되도록 써야 한다고 생각하면 이 지상에 작품은 단 한편 만 존재할 것이다. 어느 누구의 작품도 유일하고 소중한 작품이다. 박 시인의 시조집 발간에 한없는 축복이 함께하기를 기원한다.

2024. 7. 버드내 여울에서
다울 박헌오.

이든시인선 141
삶의 조각보
ⓒ 박숙자, 2024

발행일	2024년 7월 22일
지은이	박숙자
발행인	이영옥
펴 낸 곳	도서출판 이든북
출판등록	제2001-000003호
주 소	대전광역시 동구 중앙로 193번길 73
전화번호	(042)222-2536	팩스(042)222-2530
전자우편	eden-book@daum.net
카 페	https://cafe.daum.net/eden-book
공 급 처	한국출판협동조합
	전화 (02)716-5616 (031)944-8234~6

ISBN 979-11-6701-295-1 (03810)
값 11,000원

* 이 책의 판권은 지은이와 이든북에 있습니다.
* 이 책 내용의 전부 또는 일부를 재사용하려면 반드시
  양측에 서면 동의를 받아야 합니다.

* 이 사업은 대전문화재단 대전광역시 로부터 사업비를 지원받았습니다.